Country Kinder

Erinnern Sie sich noch - damals: Ferien auf dem Bauernhof, Steckenpferdchen reiten im sonnigen Garten, riesige Sandburgen bauen am Meer, die erste große Liebe? Die niedlichen Country-Kinder lassen Sie zurückkehren zu den unbeschwerten Kindheitstagen!

Die Country-Kinder führen Sie in eine liebenswerte, nostalgische Welt mit niedlichen Buben in Flickenhosen, Mädchen mit großen Schlapphüten und Schleifen im Haar und kleinen, zahmen Tieren.

Ob als einzigartiger Schmuck für Ihr Fenster, die Türe oder als ausgefallene, liebenswerte Geschenkidee auf Karten, Schachteln, Fotoalben oder im Bilderrahmen – der Freude, die die Country-Kinder ausstrahlen, kann sich niemand entziehen.

Ihre Angelika Kipp

IHRE GRUND-AUSSTATTUNG

Diese Materialien und Hilfsmittel sollten Sie zur Hand haben, sie werden in den einzelnen Materiallisten nicht gesondert aufgeführt.

- Architekten- oder Transparentpapier
- kleine spitze Schere
- Skalpell mit geeigneter Schneideunterlage
- weicher Bleistift (HB)
- harter Bleistift (2H)
- weicher Radiergummi
- Lineal
- Lochzange
- Faden zum Aufhängen
- Nähnadel
- Klebefilm

Schritt für Schritt

1 Transparentpapier auf das ausgewählte Motiv legen und mit einem Klebestreifen fixieren. Das Motiv mit einem weichen Bleistift abpausen.

2 Das Transparentpapier vom Vorlagenbogen lösen, wenden und mit der bemalten Seite auf den ausgewählten Tonkarton legen. Mit einem harten, spitzen Bleistift die Linien nachziehen. So wird das Motiv auf den Tonkarton übertragen.

3 Das Motiv mit Schere und Schneidemesser (auf geeigneter Unterlage) ausschneiden. Kleine Löcher werden mit der Lochzange ausgestanzt. Evtl. vorhandene Bleistiftstriche mit dem Radiergummi entfernen. Zuletzt das Motiv wenden, dann entspricht es der Abbildung im Buch.

2

3

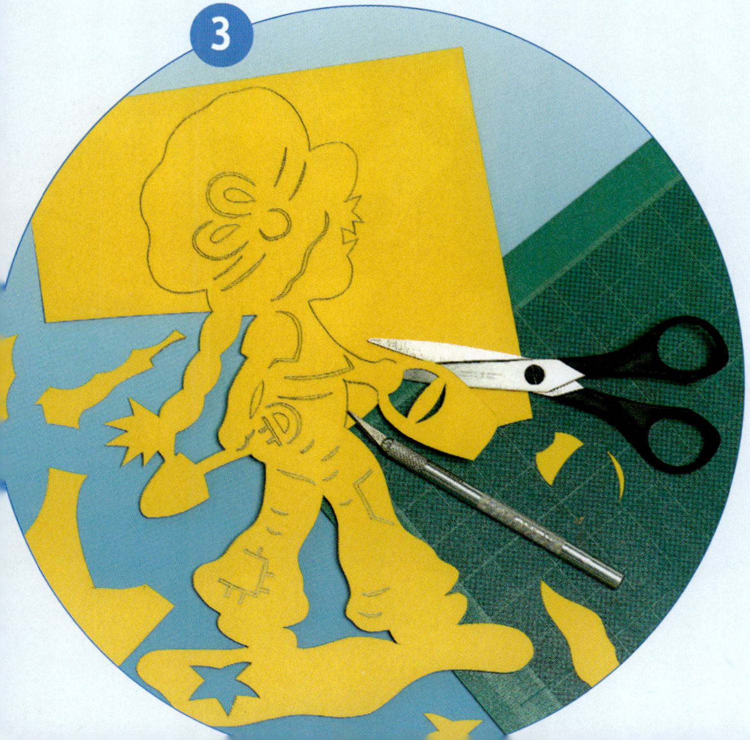

Tipps und Tricks

Zum Ausschneiden der Motive wird neben der Schere ein Schneidemesser verwendet. Damit lassen sich enge Schnittstellen im Inneren des Motivs mühelos ausschneiden.

Das Aufhängen der Motive geht einfach mit etwas Klebefilm oder einem Faden. Für die Fadenaufhängung das Motiv zwischen Daumen und Zeigefinger ausbalancieren. Mit einer Nadel einige Millimeter vom Rand entfernt ein Loch in den Karton stechen und den Faden durchziehen. Bei größeren Motiven zwei Fäden verwenden.

Auf der Frühlingswiese

→ verspielt und fröhlich

MOTIVHÖHE
Junge: ca. 21 cm
Mädchen: 22,5 cm

MATERIAL
- Tonkarton in Hellgrün bzw. Rosa, A3

VORLAGENBOGEN 1A+1B

Kleine Puppenmutti

→ ganz nostalgisch

MOTIVHÖHE
30,5 cm

MATERIAL
- Tonkarton in Gelb, A 2

VORLAGEN-BOGEN 4B

Tipp: Nur das kleine Mädchen mit dem Kinderwagen geschnitten ist eine nette Verzierung fürs Babyfotoalbum. Achten Sie auf die gepunkteten Linien auf dem Vorlagenbogen.

Osterzeit

→ ganz liebevoll

MOTIVHÖHE
ca. 29 cm

MATERIAL
- Tonkarton in Gelb, A3

VORLAGENBOGEN 2A

Motivvariante: Jedes Motiv können Sie farblich passend auf Ihre Einrichtung abstimmen. Hier sehen Sie das Mädchen zudem seitenverkehrt.

Frühlingsgefühle

→ ganz romantisch

MOTIVHÖHE
Küssende Kinder: 23 cm
umarmende Kinder: ca. 30 cm

MATERIAL
KÜSSENDE KINDER
- Tonkarton in Blau, A3
- Tonkarton in Weiß, 24 cm x 30 cm
- Tonpapier in Weiß, A4
- Bilderrahmen, 23 cm x 29 cm (innen) in Blau

UMARMENDE KINDER
- Tonpapier in Pink, A3
- Tonkarton in Blau, 23 cm x 33 cm
- Bilderrahmen in Blau, 29 cm x 39 cm (innen)

VORLAGEN-BOGEN 2A+2B

Kinder, Herzen und ggf. Rechteckuntergrund mit Schere und Cutter ausschneiden und auf dem weißen Untergrund platzieren und rahmen. Die filigranen Motive werden hier aus Tonpapier geschnitten.

Tipp: **Die Motive können natürlich auch aus Tonkarton als Fensterbilder gearbeitet werden.**

Liebe Geschenke

→ liebevoll und originell

MOTIVHÖHE
Mädchen mit Herz:
ca. 24 cm

Mädchen mit Gieß-
kanne:
ca. 16 cm

Mädchen mit Blume:
ca. 16,5 cm

MATERIAL GESCHENKTÜTE
- Tonpapier in Rosa, A4
- Papiertüte (Fertigteil) in Blau, 28 cm hoch

BRIEFPAPIER
- Tonpapier in Pink, Blau und Weiß, A4

KARTE
- Tonkarton in Blau, A3
- Tonpapier in Rosa, A4

VORLAGEN-BOGEN 3B+4A

Anglerglück

→ schwungvoll und fröhlich

MOTIVGRÖSSE
ca. 25 cm

MATERIAL
- Tonkarton in Hellblau, A3

VORLAGENBOGEN 2B

Tipp: Mit dem Motiv können Sie ein Fotoalbum mit den schönsten Urlaubsbildern dekorieren. Das Motiv entsprechend der Buchgröße auf dem Kopierer verkleinern.

Sommerzeit am Meer

→ liebevoll und verspielt

MOTIVHÖHE
Junge: ca. 19 cm
Mädchen: ca. 29 cm

MATERIAL PRO MOTIV
- Tonkarton in Gelb, A4

VORLAGENBOGEN 1B+3A

Tipp: **Die Motive sind schöne Mitbringsel für strahlende Sonnentage.**

Bub und Hund auf der Wiese

→ ganz idyllisch

MOTIVGRÖSSE
ca. 25 cm

MATERIAL
- Tonkarton in Rot, A3

VORLAGENBOGEN 1A

Tipp: Dieses Motiv wirkt auch gerahmt (vgl. Seite 10/11) sehr schön.

Country-Kinder beim Spielen

→ fröhlich und verspielt

MOTIVHÖHE
Mädchen: ca. 25,5 cm

Junge: ca. 24,5 cm

MATERIAL PRO MOTIV
- Tonkarton in Weiß bzw. Gelb, A3

VORLAGENBOGEN 3A+1A

Herbstzeit

→ ganz nostalgisch

MOTIVGRÖSSE
ca. 28 cm

MATERIAL
- Tonkarton in Rosa, A3

VORLAGENBOGEN 2B

Tipp: **Dieses Motiv ist ein schönes Mitbringsel an verregneten Tagen.**

Herbstzeit-Trio

→ ganz fröhlich

MOTIVGRÖSSE
ca. 23 cm

MATERIAL
- Tonkarton in Orange, A3

VORLAGENBOGEN 3B

Tipp: Mit extra geschnittenen Kürbissen (beachten Sie die gepunkteten Linien auf dem Vorlagenbogen) können Sie herbstliche Geschenkschachteln und Karten dekorieren.

Erntezeit

→ ganz liebevoll

MOTIVHÖHE
ca. 31 cm

MATERIAL
- Tonkarton in Helllila, A2

VORLAGENBOGEN 4A

Tipp: Je nach Ihren Bedürfnissen können Sie Motive verkleinern und vergrößern. Das geht ganz leicht mit einem Kopierer.

Eiszeit

→ ganz verträumt

MOTIVHÖHE
ca. 24 cm

MATERIAL
- Tonkarton in Weiß, A3

VORLAGENBOGEN 3B

Tipp: Edel wirkt dieses Motiv auch aus silberfarbenen Tonkarton geschnitten.

Weihnachtsgeschenke

→ originell und liebevoll

Die Schleife laut Skizze auf dem Vorlagenbogen mit dem Silberdraht binden und mit Klebstoff auf die bemalte Spanschachtel kleben. Die ausgeschnittenen Country-Kinder mit Klebstoff auf die Untergründe kleben.

MOTIVHÖHE
Kind auf Schachtel: ca. 16,5 cm
Nikolaus mit Kind: ca. 22,5 cm
Mädchen auf Karte: ca. 17,5 cm

MATERIAL SCHACHTEL
- Tonkarton in Weiß, A4
- Spanschachtel, ø 20 cm
- Acrylfarbe in Blau
- Pinsel und Wasserglas
- Schleifenband in Blau
- dünner Silberdraht
- Klebstoff

NIKOLAUS
- Tonkarton in Weiß, A4
- Klebstoff

KARTE
- Tonkarton in Türkis, A3
- Tonpapier in Weiß, A4
- Klebstoff

VORLAGEN-BOGEN 3A+4B

Mädchen auf Zaun

→ keck und verspielt

MOTIVHÖHE
ca. 24,5 cm

MATERIAL
- Tonkarton in Lavendel, A4

VORLAGENBOGEN 1B

Abbildung auch auf der Titelseite.

DIESES BUCH ENTHÄLT 4 VORLAGENBOGEN

IMPRESSUM

REINZEICHNUNGEN: Berthold Kipp
FOTOS: frechverlag GmbH, 70499 Stuttgart; Fotostudio Ullrich & Co., Renningen
DRUCK: frechdruck GmbH, 70499 Stuttgart

Auflage: 5. 4. 3. 2. 1.
Jahr: 2007 2006 2005 2004 2003 [Letzte Zahlen maßgebend]

ISBN 3-7724-3231-X
Best.-Nr. 3231